... À petits points

Petits écoliers
à broder au point de croix

Marie-Anne Réthoret-Mélin
et Perrette Samouïloff

Direction éditoriale : Christophe Savouré
Édition : Julie Cot, assistée de Éléonore Corral
Direction artistique : Chloé Eve
Mise en pages : idbleu
Photographies : Fabrice Besse
Stylisme : Sonia Roy
Relecture : Jacques Lapoussière
Fabrication : Sabine Marioni

© Éditions Mango Pratique
www.editions-mango.com
Dépôt légal : octobre 2009
ISBN : 978-2-8125-0022-0
Photogravure : IGS Charente Photogravure
Édition 03- M10192 - décembre 2010
Imprimé en Espagne par Edelvives

... À petits points

Petits écoliers
à broder au point de croix

Marie-Anne Réthoret-Mélin
et Perrette Samouïloff

Photographies : Fabrice Besse
Stylisme : Sonia Roy

MANGO PRATIQUE

lleurs
FRANCE
rges

Perrette

Marie-Anne

Calcul
– calculer les petites croix
– diviser les échevettes
– soustraire l'excédent de tissu
– additionner les ouvrages

Lecture et écriture
– lire les grilles et les explications
– écrire au point de croix les textes et les belles lettres

Conjugaison
– conjuguer les talents pour le plaisir du travail bien fait

Leçons
– apprendre à réaliser de petits travaux de couture et de bricolage pour mettre en valeur vos broderies

Retournez à l'école de nos ouvrages, qui accompagneront, nous le souhaitons avec bonheur, vos petits écoliers et écolières.

Dans le cartable

19 x 18 cm de lin bis 11 fils/cm (DMC 842)

1 échevette de Mouliné DMC blanc,
3752, 3733, 922, 347, 221

30 x 25 cm de tissu fleuri

34 cm de galon fantaisie, en 1 cm de large

1 boîte en forme de cœur, de 9 cm de large
environ (magasins de loisirs créatifs)

10 x 25 cm de carton léger

10 x 10 cm de papier

Colle pour tissu

Boîte à secrets

Mesurez la profondeur de la boîte ainsi que son pourtour. Découpez une bande de tissu fleuri dont la longueur correspond au pourtour de la boîte (+ 2 cm) et la largeur à 2 fois la profondeur (+ 2 cm). Répétez l'opération pour le couvercle. Collez ces 2 bandes sur les côtés de la boîte et du couvercle (intérieur et extérieur). Collez également l'excédent de tissu : il sera masqué ensuite.

Reportez 2 fois la forme du cœur de la boîte sur le carton léger et recouvrez ces 2 formes de tissu fleuri en rabattant l'excédent de tissu sur l'envers. Collez ensuite les 2 cœurs obtenus au fond de la boîte et du couvercle pour cacher l'excédent de tissu.

Reportez la forme du cœur sur le papier. Découpez et collez ce cœur au dos de la boîte.

Brodez le motif au point de croix en 2 brins sur 2 fils de trame, en le centrant sur le lin. Reportez et découpez la forme du cœur de la boîte sur le carton léger. Placez la broderie dessus en centrant bien le motif. Découpez l'excédent de lin à 1,5 cm du bord et collez-le sur l'envers. Collez le galon sur le bord de la broderie, puis collez le cœur sur le couvercle.

16 x 16 cm de lin bis 11 fils/cm (DMC 842)

1 échevette de Mouliné DMC blanc, 3752,
3346, 3733, 922, 347, 221

8 x 8 cm de tissu fleuri

30 cm de galon de bordure en lin,
en 1 cm de large

2 boutons en bois en forme de cœur
de 1,5 cm de large

1 mousqueton (mercerie)

Bourre synthétique

Porte-clef gri-gri

Bâtissez ou tracez sur le lin un carré de 8 x 8 cm. Brodez le motif au point de croix et point arrière en 2 brins sur 2 fils de trame, en le centrant dans le carré. Découpez l'excédent de lin à 1 cm du tracé.

Épinglez la broderie et le tissu, endroit contre endroit, et piquez au point droit sur 3 côtés. Retournez sur l'endroit, rembourrez et refermez l'ouverture à point glissés.

Cousez le galon de bordure le long de la couture en finissant par l'angle du bas du motif et cachez ses extrémités en cousant un bouton, sur chaque face du gri-gri.

Insérez délicatement le mousqueton dans l'angle opposé aux boutons.

Sur le chemin de l'école

Brodez la frise sur le galon au point de croix et point arrière en 2 brins sur 2 fils de trame, en la centrant sur le galon.

Posez le galon brodé sur le ruban gros grain et piquez-les au point zigzag (fil rouge dans la canette, fil beige sur la bobine).

Pour la sangle serre-livre, faites un repli de 5 mm aux 2 extrémités et maintenez-les par quelques points. Enfilez la patte de serrage sur l'une des extrémités, faites un repli de 1,5 cm en maintenant la patte de serrage et fixez-le par quelques points.

Pour la sangle porte-clés, pliez-la en deux pour réunir ses extrémités et enfilez l'anneau du mousqueton. Faites un premier repli de 5 mm des 2 extrémités puis un second de 1,5 cm en maintenant l'anneau du mousqueton et fixez-le par quelques points.

Sangle pour le serre-livres

67,5 cm de galon de lin bis 11 fils/cm (DMC 842), en 2,5 cm de large

1 échevette Mouliné DMC 349

67,5 cm de ruban gros grain rouge, en 2,5 cm de large

1 patte de serrage en métal (mercerie)

Sangle pour les clés

70,5 cm de galon de lin bis 11 fils/cm (DMC 842), en 2,5 cm de large

1 échevette Mouliné DMC 3752, 931, 349, 221

70,5 cm de ruban gros grain rouge, en 2,5 cm de large

1 mousqueton en métal (mercerie)

Fil à coudre rouge et beige

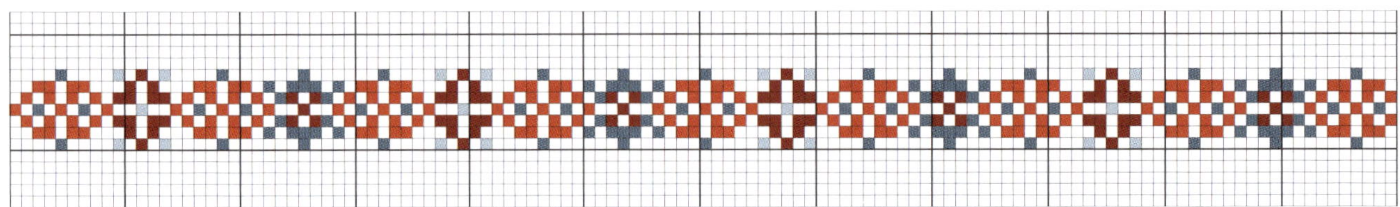

Dimensions du motif : 7 x 386 points
Dimensions de la broderie sans marge (en 11 fils/cm) : 0,9 x 61 cm

 349

Dimensions du motif : 5 x 355 points
Dimensions de la broderie sans marge (en 11 fils/cm) : 1,3 x 67 cm

3752   349

931   221

 Blanc   3752   347

3733   922   221

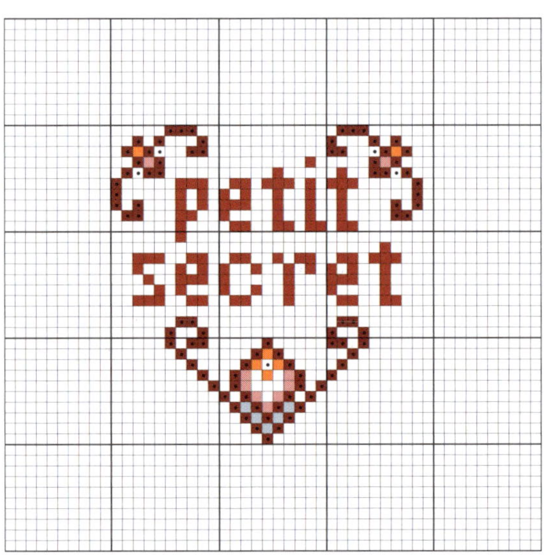

Dimensions du motif : 41 x 41 points
Dimensions de la broderie sans marge (en 11 fils/cm) : 7,5 x 7,5 cm

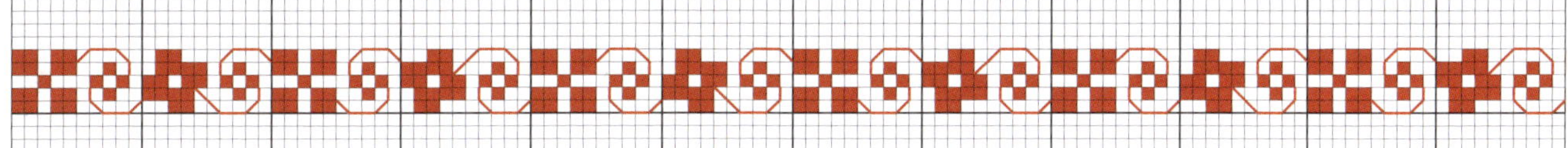

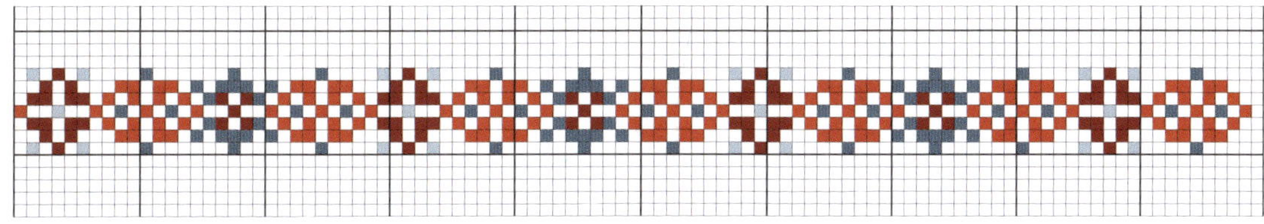

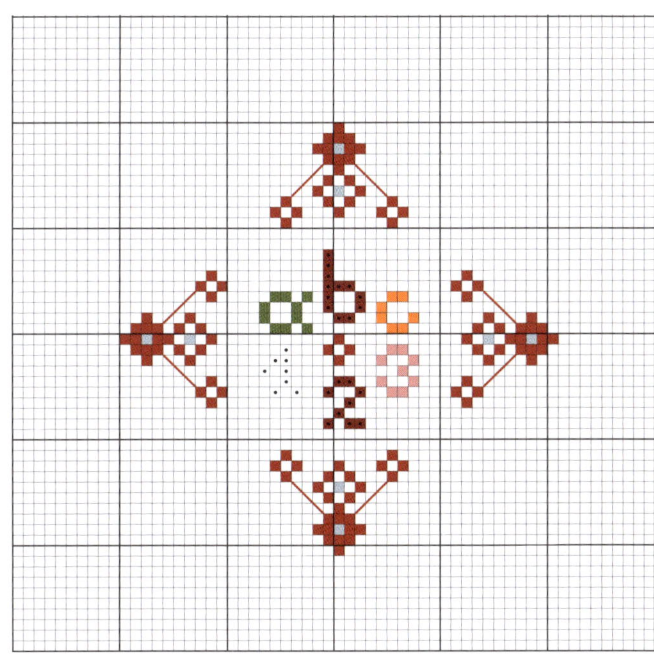

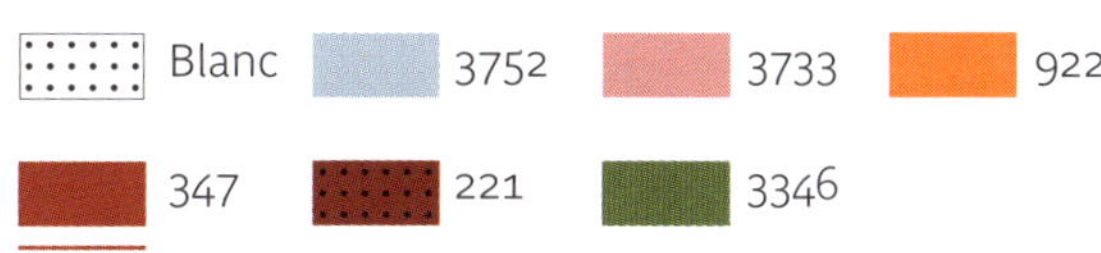

Dimensions du motif : 29 x 30 points
Dimensions de la broderie sans marge (en 11 fils/cm) : 5,3 x 5,4 cm

Dax
Bayonne
Gave de Pau
PAU
BILBAO
St-SÉBASTIEN
BASSES
PYRENEES
64
Bidassoa
Oloron-
Ste-Marie
Nive
VITORIA
Ebre
PAMPELUNE
G. d'Aspé
G. d'Ossau
ESPAGNE
Aragon
Gallego
Charles
histoire géographie française
calcul anglais musique
1 2 A
a b c d e f g h i j k l m n
o p q r s t u v w x y z

33 x 55 cm de lin bis 11 fil/cm
(DMC 842)

1 échevette de Mouliné DMC blanc,
742, 922, 349, 3346, 322, 931

30 cm de ruban à pois blancs,
en 1 cm de large

1 cahier de 96 pages de 17 x 22 cm

Craie ou crayon à tissu, ciseaux
à cranter

Bâtissez ou tracez sur le lin un rectangle de 31 x 49 cm (grand rectangle), puis au centre de celui-ci un autre rectangle de 23 x 47 cm (petit rectangle). Cousez le ruban à pois blancs au centre de ce rectangle, perpendiculairement aux 2 petits côtés.

Brodez le motif au point de croix et point arrière en 2 brins sur 2 fils de trame, en le centrant sur la partie droite du petit rectangle.

Découpez aux ciseaux à cranter l'excédent de lin le long du tracé du grand rectangle.

Faites un rentré de 1 cm des 2 petits côtés et piquez au point zigzag, à 5 mm du bord. Faites un rentré de 4 cm des 2 grands côtés et marquez au fer.

Tournez votre ouvrage dans l'autre sens, faites un repli endroit contre endroit de 6 cm des 2 petits côtés et piquez au point droit les rabats. Découpez aux ciseaux à cranter l'excédent de lin au niveau des rabats.

Retournez les rabats sur l'endroit et rabattez les rentrés de 4 cm des 2 grands côtés. Repassez et glissez le cahier dans les rabats.

Charles
histoire_géographie_français
calcul_anglais_musique
abcdefghijklmn
opqrstuvwxyz

Dimensions du motif : 81 × 110 points
Dimensions de la broderie sans marge (en 11 fils) : 14,5 × 20,1 cm

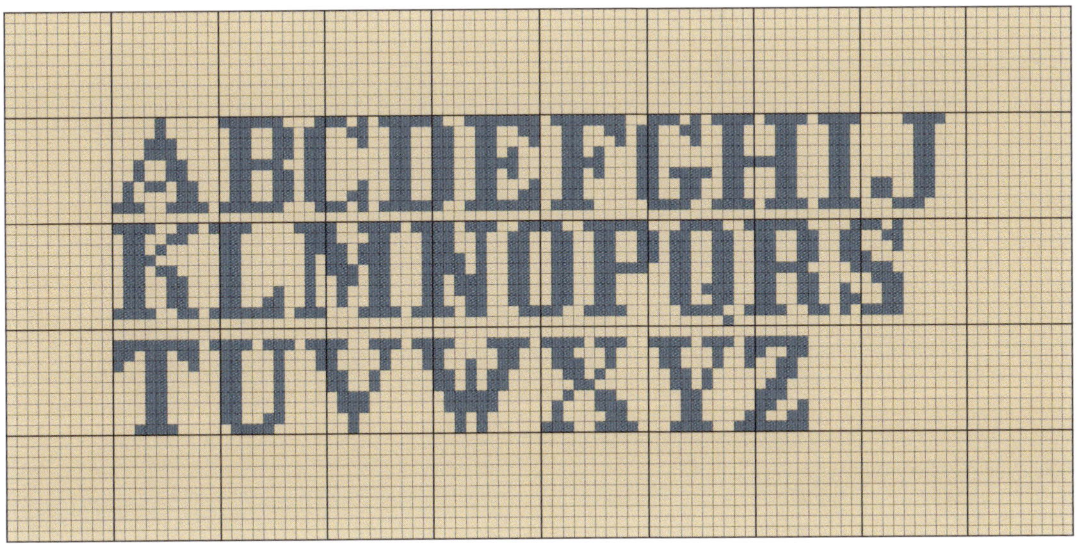

Utilisez l'abécédaire ci-dessus pour la majuscule et l'abécédaire ci-contre pour les minuscules du prénom.

Petit sac à chaussons

2 fois 34 x 40 cm de lin bis
11 fils/cm (DMC 842)

1 échevette de Mouliné DMC blanc,
948, 754, 742, 922, 349, 3346, 322,
3750, 434, 801

2 fois 29 x 35 cm de tissu imprimé
jouets (doublure)

42 x 7 cm de tissu vichy beige
(anse)

42 cm de croquet rouge,
en 1 cm de large

2 mini-boutons blancs

Bâtissez ou tracez sur les 2 morceaux de lin un rectangle de 24 x 30 cm. Sur un des 2 morceaux de lin, brodez le motif choisi (fille ou garçon) au point de croix et point arrière en 2 brins sur 2 fils de trame, en le centrant en bas à 8,5 cm d'un des petits côtés du tracé.

Posez les 2 rectangles du sac, endroit contre endroit, et piquez au point droit les côtés et le bas. Découpez l'excédent de lin à 1,5 cm de la piqûre.

Aplatissez chaque coin inférieur du sac en superposant la couture latérale et celle du bord inférieur de façon à former un triangle dont la base mesure 9 cm. Piquez la base du triangle, puis rabattez le triangle sur le fond. Retournez le sac sur l'endroit.

Répétez l'opération pour la doublure pliée endroit contre endroit, en ménageant une ouverture de 10 cm au centre de la couture du fond du sac, mais ne retournez pas la doublure sur l'endroit pour le moment.

Pour former l'anse du sac, pliez en deux sur la longueur le tissu vichy, endroit contre endroit, et piquez au point droit à 5 mm du bord. Retournez sur l'endroit et repassez en centrant la couture. Cousez au point zigzag le croquet sur la couture de l'anse. Positionnez l'anse endroit contre endroit sur les coutures des côtés du haut du sac : seules les 2 extrémités de l'anse dépassent du haut du sac. Maintenez-les en place par quelques points.

Enfilez la doublure sur le sac, endroit contre endroit, et piquez au point droit tout autour du haut du sac, anses comprises, à 1 cm du bord. Retournez la doublure sur l'endroit en passant le sac par l'ouverture. Repassez et refermez l'ouverture au fond de la doublure à points glissés, puis glissez cette dernière dans le sac. Marquez au fer le fond et les côtés du sac en prenant pour repère la base du triangle.

Cousez les 2 petits boutons sur la veste du personnage brodé (voir photographie ci-contre).

Dimensions du motif : 81 x 95 points
Dimensions de la broderie sans marge (en 11 fils/cm) : 17,1 x 14,3 cm

18

⬚ Blanc	754	922	3346	3750	801
948	742	349	322	434	

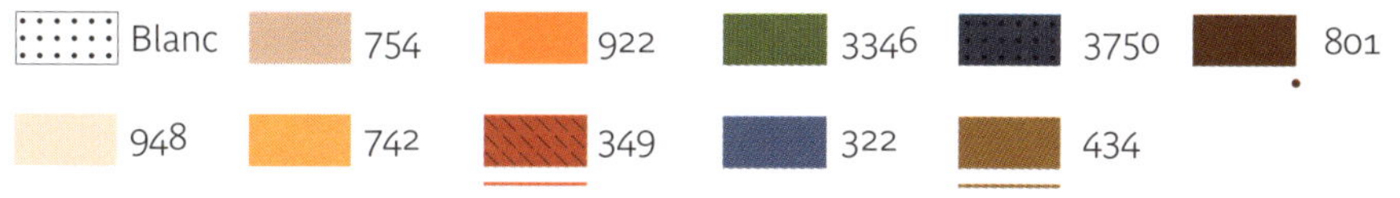

Dimensions du motif : 81 × 95 points
Dimensions de la broderie sans marge (en 11 fils/cm) : 17,1 × 14,3 cm

⬚ Blanc	754	922	3346	3750	801
948	742	349	322	434	

Trois petites notes de musique…

Bâtissez ou tracez un rectangle de 16 x 37 cm sur le lin et pliez-le en deux dans la hauteur. Brodez le motif au point de croix et point arrière en 2 brins sur 2 fils de trame au centre d'une des parties pliées. Découpez l'excédent de tissu à 1 cm du tracé.

Repliez le rectangle de lin, endroit contre endroit, et piquez au point droit le grand côté et le bas, puis retournez sur l'endroit.

Pliez le tissu rayé rose en deux dans la hauteur, endroit contre endroit. Piquez au point droit le grand côté et le bas à 1 cm du bord, en ménageant une ouverture de 1,5 cm pour la coulisse, à 1,5 cm du haut du tissu. Glissez le tissu dans l'étui, envers contre envers, et rabattez 4 cm du tissu sur l'endroit du lin, puis faites un rentré de 1 cm et cousez-le à points glissés. Piquez au point droit à 1,5 cm de la première couture pour former la coulisse.

À l'aide d'une épingle à nourrice, glissez le ruban gros grain rouge à l'intérieur de la coulisse par l'ouverture laissée sur le haut du tissu. Cousez les extrémités du ruban et faites glisser la couture dans la coulisse afin qu'elle ne soit pas visible. Cousez le grelot au milieu du ruban.

Collez les 2 galons fantaisie des deux côtés de la broderie. Coupez les pattes des boutons « notes de musique » et collez-les aux extrémités des galons.

Cousez à points glissés le galon de bordure à l'extrémité de l'étui à flûte.

26 x 47 cm de lin bis 11 fils/cm (DMC 842)

1 échevette Mouliné DMC blanc, 3326, 3733, 922, 347

ou 78 cm de galon de lin bis, en 8 cm de large plié en deux

18 x 42 cm de tissu rayé rose

28 cm de galon fantaisie beige à poids rouges, en 1 cm de large

32 cm de galon fantaisie en lin, en 1 cm de large

17 cm de galon de bordure en lin, en 1 cm de large

20 cm de ruban gros grain rouge, en 5 mm de large

4 boutons « notes de musique » blancs

1 grelot argenté

Colle pour tissu, craie ou crayon à tissu, épingle à nourrice

Frère Jacques

JOURS
MOIS
ANNÉES
A
âne
B
bateau
C
canard
ABCD
EFGHI
KLMNO
PQRST
UVW
XYZ
12345
67890

Boîte imagier

17 x 38 cm de lin bis 11 fils/cm
(DMC 842)

1 échevette Mouliné DMC blanc,
3752, 334, 931, 3326, 349, 347, 221,
922, 436, 3781, 3346

7 x 28 cm de carton léger

1 boîte range-revues en tissu bleu
(magasin de décoration, type Ikea)

Craie ou crayon à tissu, colle pour
tissu

Boîte abécédaire

15,5 x 38 cm de lin bis 11 fils/cm
(DMC 842)

1 échevette Mouliné DMC blanc,
3752, 3326, 349, 347, 221, 922, 436,
3346

5,5 x 28 cm de carton léger

1 boîte range-revues en tissu bleu
(magasin de décoration, type Ikea)

Craie ou crayon à tissu, colle pour
tissu

Bâtissez ou tracez un rectangle de 5,5 x 28 cm
(abécédaire) ou 7 x 28 cm (imagier) sur le lin et
brodez le motif au point de croix et point arrière
en 2 brins sur 2 fils de trame, au centre du rectangle. Découpez l'excédent de lin à 1 cm du
tracé.

Posez la broderie sur le carton, en centrant bien
le motif. Rabattez et collez l'excédent de tissu
au dos du carton et laissez sécher. Collez le carton brodé en le centrant sur la tranche de la
boîte.

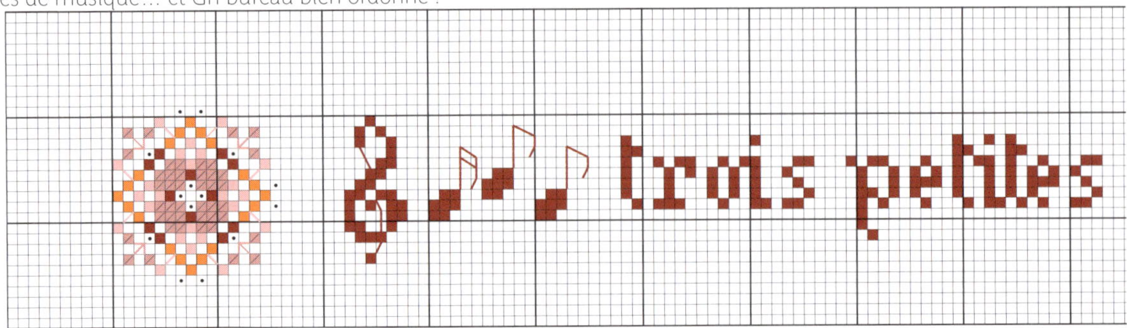

Dimensions du motif : 15 x 194 points
Dimensions de la broderie sans marge (en 11 fils/cm) : 3 x 34,6 cm

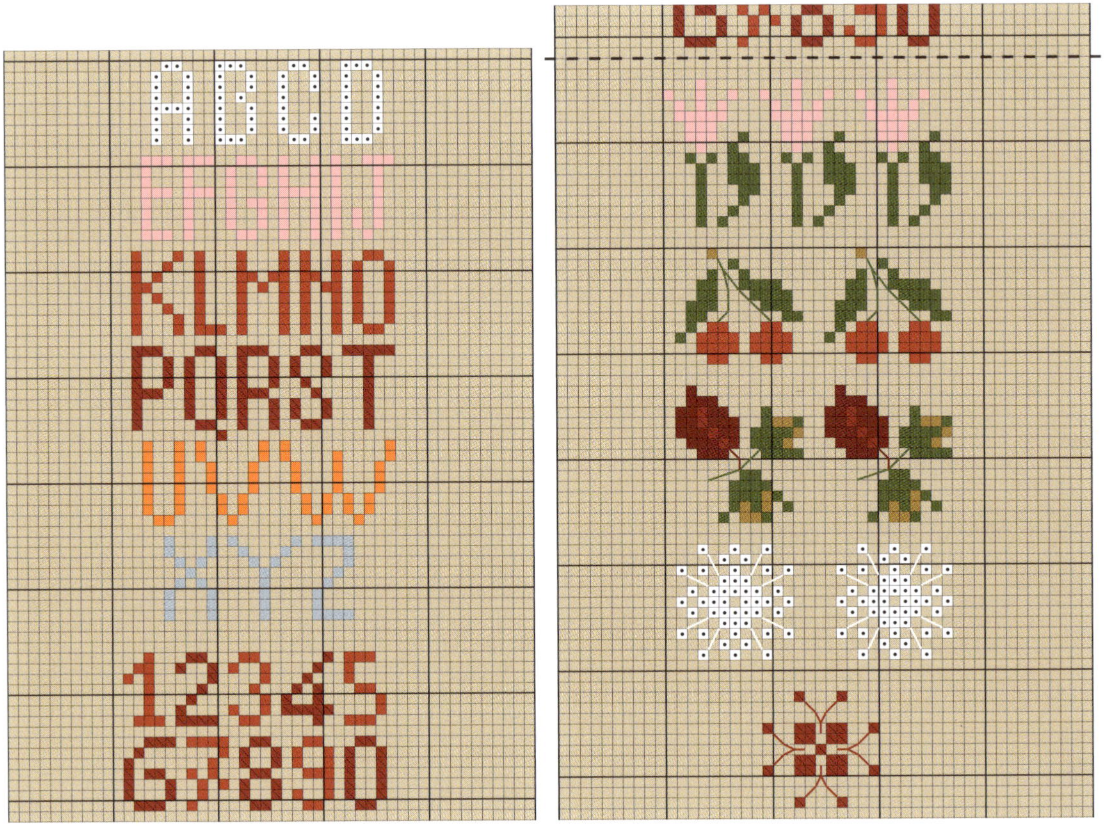

Dimensions du motif : 29 x 141 points
Dimensions de la broderie sans marge (en 11 fils/cm) : 5,2 x 25,6 cm

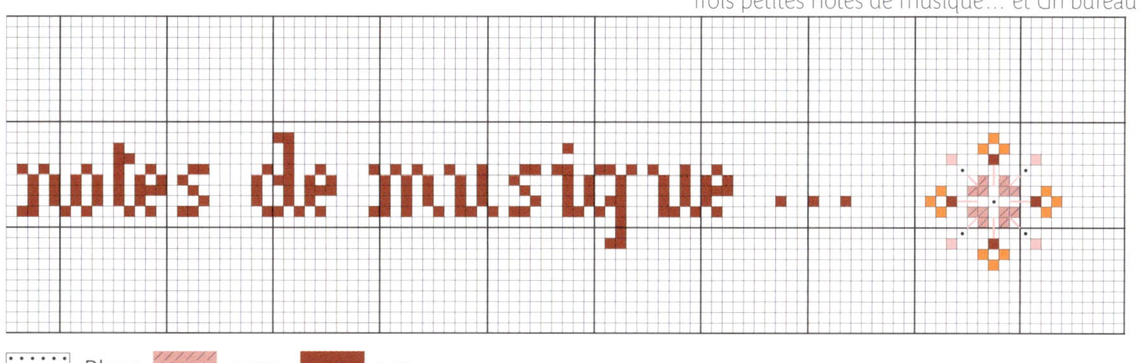

	Blanc		3733		347
	3326		922		

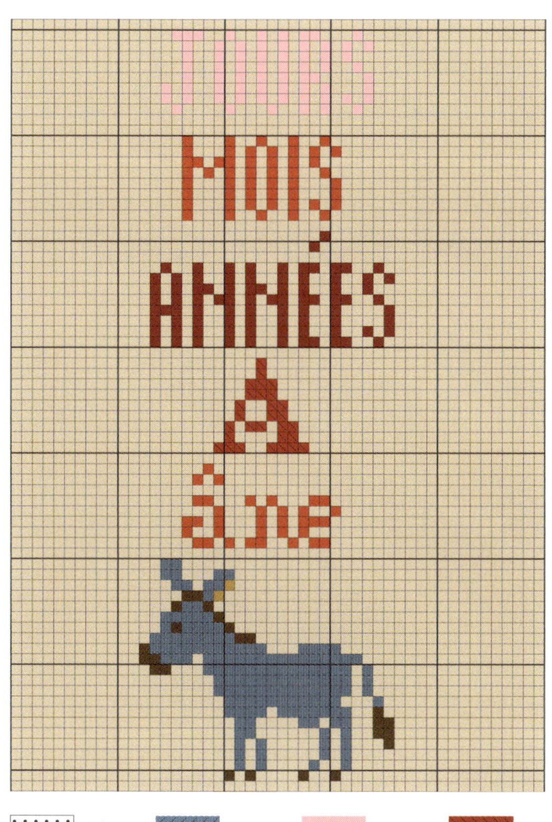

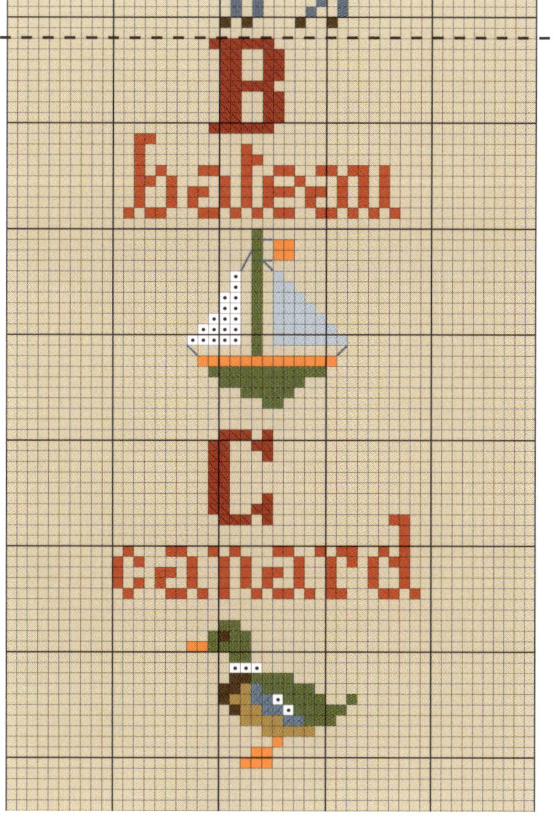

	Blanc		334		3326		347		922		3781 (pour la grille ci-dessus uniquement)
	3752		931		349		221		436		3346

32 x 45 cm de lin bis 11 fils/cm
(DMC 842)

1 échevette Mouliné DMC 948, 754,
3326, 3733, 347, 221, 922, 436, 3781,
3346, 931

26 x 39 cm de tissu imprimé jouets

15 x 39 cm de tissu vichy beige

2 fois 30 cm de ruban à pois blancs,
en 1 cm de large

1 bouton en forme de crayon

Bâtissez ou tracez sur le lin un rectangle de 22 x 35 cm. Brodez le motif au point de croix et point arrière en 2 brins sur 2 fils de trame, en le centrant en bas à 2 cm du tracé du petit côté. Découpez l'excédent de lin à 1 cm du tracé.

Dans le tissu vichy, faites un ourlet de 7 mm avec un rentré de 5 mm sur un des grands côtés. Piquez au point droit à 4 mm du bord.

Posez le rectangle de vichy sur un des grands côtés en tissu imprimé jouets, endroit sur endroit : l'ourlet effectué précédemment doit se retrouver au milieu du tissu imprimé jouets. Épinglez et piquez au point zigzag les côtés et le bas à 5 mm du bord pour maintenir ensemble les 2 tissus.

Marquez le centre du rectangle vichy par une épingle. Répartissez de chaque côté une épingle tous les 2 cm (comptez les rayures) puis piquez au point droit sur la hauteur de la bande tous les 2 cm, en faisant un aller/retour sur 5 mm en haut des pochettes à crayon.

Épinglez un des morceaux de ruban au centre du bas de la broderie endroit contre endroit et maintenez-le par quelques points : seule l'extrémité du ruban dépasse du bord de la broderie.

Épinglez la partie brodée sur l'ensemble en tissu imprimé jouets et vichy endroit contre endroit, et piquez-les sur les 4 côtés au point droit en ménageant une ouverture de 15 cm. Découpez l'excédent de tissu et de lin à 1 cm de la piqûre. Retournez sur l'endroit, repassez et refermez l'ouverture à points glissés.

À 11 cm au-dessus du premier ruban, cousez le second ruban en le centrant au-dessus de la broderie, puis masquez la couture par le bouton en forme de crayon.

Mes petites affaires

64 x 90 cm de lin bis 11 fils/cm
(DMC 842)

1 échevette Mouliné DMC blanc,
742, 436, 922, 349, 347, 221, 931,
3750, 3346, 3781

60 cm de croquet écru et rouge,
en 1 cm de large

1 boîte bleue de 16,5 x 25,5 cm
sur 7 cm de hauteur (magasin
de décoration, type Ikea)

1 rectangle de 11,5 x 15,5 cm
et 3 rectangles de 4 x 11,5 cm
de carton léger

Colle pour tissu, craie ou crayon
à tissu

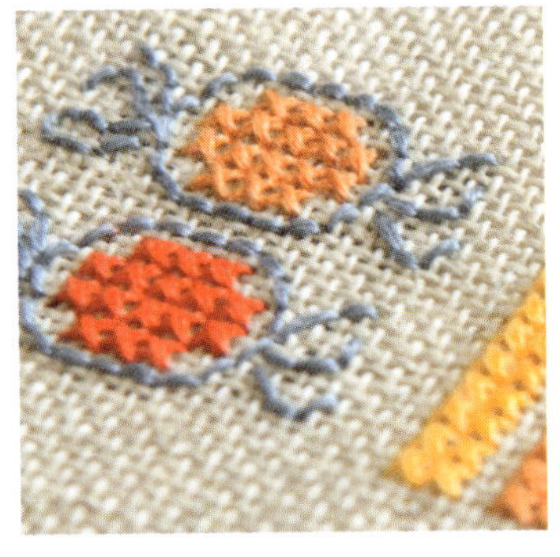

Bâtissez ou tracez sur le lin 4 rectangles :
11,5 x 15,5 cm (grande étiquette) et 3 fois
4 x 11,5 cm (petites étiquettes) en laissant environ 10 cm de marge entre chaque rectangle.
Brodez les motifs au point de croix et point
arrière en 2 brins sur 2 fils de trame au centre
des tracés : les 3 frises sur les petits rectangles et
le motif de l'ourson sur le grand. Découpez l'excédent de lin à 1 cm du tracé.
Posez chaque broderie sur chaque carton, rabattez et collez l'excédent de tissu au dos du carton. Laissez sécher. Collez la grande étiquette en
la centrant sur le couvercle, puis collez les petites étiquettes sur les côtés en vérifiant que le
couvercle ne recouvre pas les broderies.
Collez le croquet sur la boîte autour de la grande
étiquette.

mes petites chaleurs
mes petits secrets

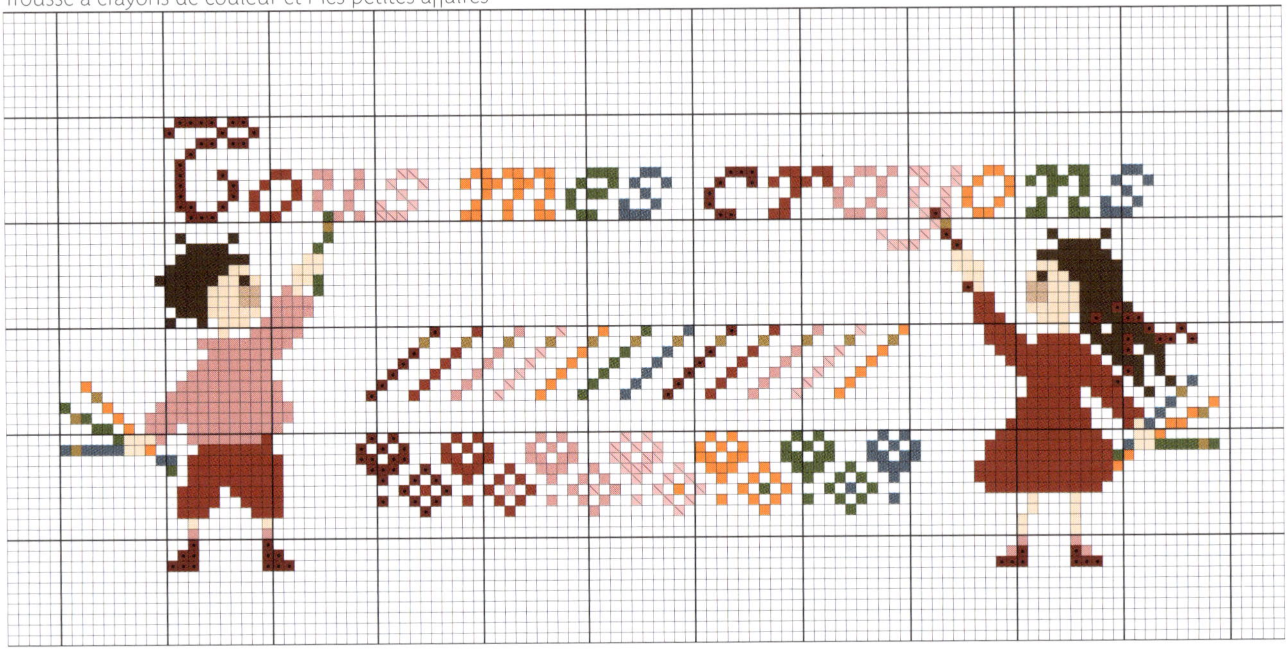

Dimensions du motif : 109 x 43 points
Dimensions de la broderie sans marge (en 11 fils) : 20 x 7,7 cm

948		3733		922		3346	
754		347		436		931	
3326		221		3781			

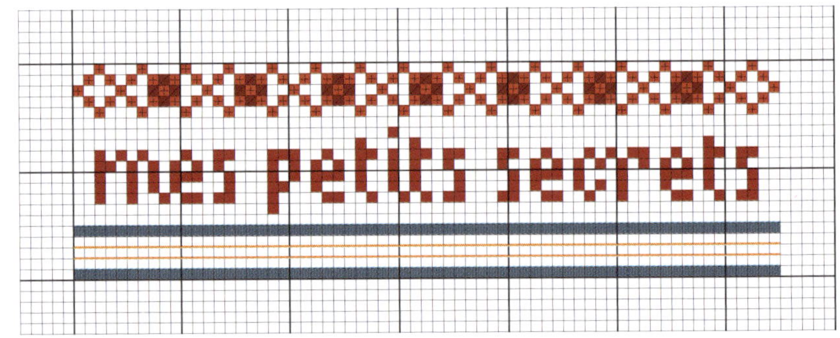

Dimensions de chaque motif : 65 x 20 points (petits motifs) et 66 x 41 points (grand motif)
Dimensions de la broderie sans marge (en 11 fils) : 11,6 x 3,6 cm (petits motifs)
et 11,6 x 7,4 cm (grand motif)

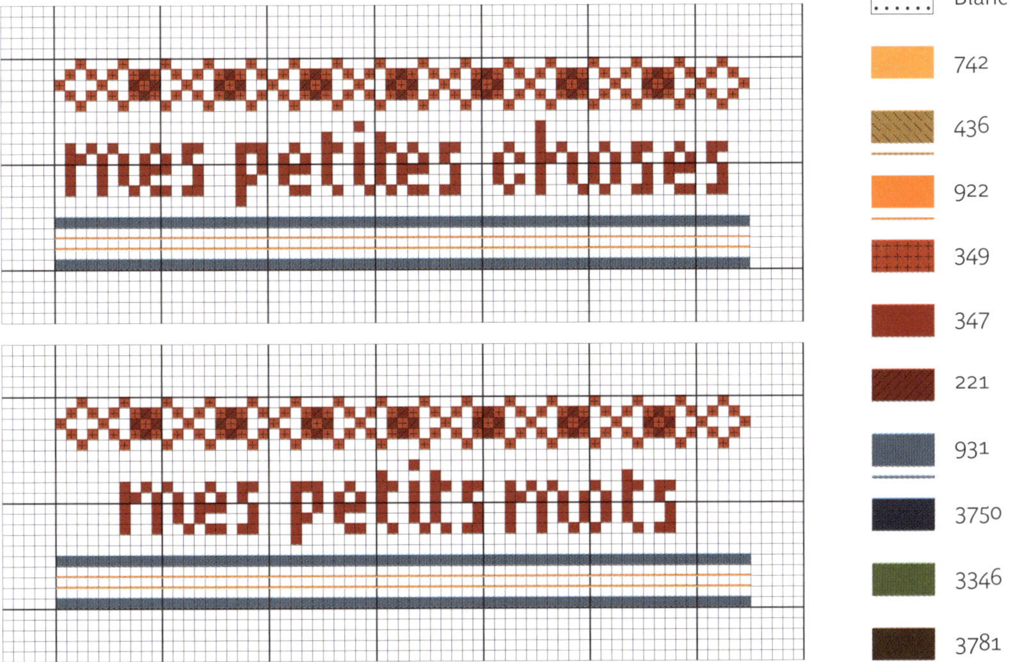

	Blanc
	742
	436
	922
	349
	347
	221
	931
	3750
	3346
	3781

31

33 x 19 cm de lin bis 11 fils/cm
(DMC 842)

1 échevette de Mouliné DMC blanc,
948, 754, 742, 922, 349, 436, 434,
3346, 931, 3771, 322

25 cm de croquet écru,
en 3 cm de large

1 pot en verre de 23 cm de large
et de 9 cm de hauteur

Colle pour tissu

Mesurez la largeur de votre pot et adaptez les dimensions de votre rectangle de lin en conséquence : (largeur du pot + 2 cm) x (hauteur du pot + 2 cm).

Brodez le motif au point de croix en 2 brins sur 2 fils de trame, en le centrant sur le lin.

Faites un rentré de 1 cm sur les 4 côtés du rectangle et repassez. Posez le lin sur l'envers et cousez bord à bord les deux petits côtés à points glissés pour former un cylindre. Retournez l'ouvrage sur l'endroit.

Collez le croquet à l'intérieur de la bande de lin en le faisant dépasser de moitié en haut de celle-ci. Glissez l'étui obtenu sur le pot.

Jolies étiquettes

20 x 18 cm de lin bis 11 fils/cm
(DMC 842)

Échevettes Mouliné DMC :
se reporter à la gamme selon
le modèle choisi

Toile thermocollante, ciseaux
à cranter

Bâtissez ou tracez un rectangle de 10 x 8 cm sur
le lin bis. Brodez l'étiquette de votre choix au
point de croix et point arrière en 2 brins sur
2 fils de trame, en centrant le motif sur le lin.
Appliquez au dos de la broderie de la toile thermocollante et recoupez le long du tracé avec les
ciseaux à cranter.

dessin
géographie
poésie
histoire

31 x 49 cm de tissu vichy rose

1 cahier de 96 pages de 17 x 22 cm

Craie ou crayon à tissu, ciseaux
à cranter

Protège-cahier

Bâtissez ou tracez sur l'envers du tissu un rectangle de 23 x 47 cm.

Faites un rentré de 1 cm sur les 2 petits côtés et piquez au point zigzag, à 5 mm du bord. Faites un rentré de 4 cm sur les 2 grands côtés et marquez au fer.

Tournez votre ouvrage dans l'autre sens, faites un repli endroit contre endroit de 6 cm sur les 2 petits côtés et piquez au point droit les rabats. Découpez aux ciseaux à cranter l'excédent de tissu au niveau des rabats.

Retournez les rabats sur l'endroit et rabattez les rentrés de 4 cm des 2 grands côtés. Repassez et glissez le cahier dans les rabats.

Collez l'étiquette sur la couverture à l'endroit qu'il vous convient, ici au centre à 5,5 cm du haut du cahier.

2 fois 12 x 12 cm de tissu à rayures (coins)

71 x 8 cm de tissu à rayures (charnière)

2 fois 35 x 27 cm de tissu vichy rose
(couverture)

1,32 cm de cordon
(coupé en 6 parties égales)

2 feuilles de papier Canson
de 24 x 32 cm du coloris de votre choix
(intérieur du carton)

1 carton à dessins de 33 x 25 cm

Toile thermocollante, colle pour tissu

Carton à dessins

Découpez 4 triangles rectangles de 8 cm de côté dans la toile thermocollante. Posez-les au dos des 2 carrés de tissu à rayures, à 2 cm des bords, et thermocollez l'ensemble. Recoupez chaque tissu en deux. Ces 4 triangles serviront à recouvrir les angles du carton.

Encollez les bords intérieurs du carton. Posez le premier morceau de tissu vichy sur le devant du carton à dessins et le second sur l'arrière. Rabattez et collez l'excédent de tissu à l'intérieur du carton.

Faites un rentré de 1 cm sur les deux grands côtés du rectangle de tissu à rayures et collez-les. Collez cette bande, envers contre endroit sur la charnière du carton : commencez par le milieu de l'intérieur de la charnière puis faites le tour. Laissez bien sécher.

Remplacez les cordons de fermeture par ceux de votre choix. Maintenez-les en place par un point de colle.

Faites un rentré de 5 mm sur le côté le plus grand de chaque triangle et collez-le. Collez les triangles aux 4 coins du carton. Rabattez et collez l'excédent de tissu à l'intérieur.

Terminez en collant les 2 feuilles de papier Canson au milieu des 2 parties intérieures du carton à dessins. Enfin, collez l'étiquette « dessin » en la centrant sur le carton à dessins.

géographie
agenda
français
poésie

Dimensions du motif : 118 x 41 points
Dimensions de la broderie sans marge (en 11 fils) : 21,3 x 7,4 cm

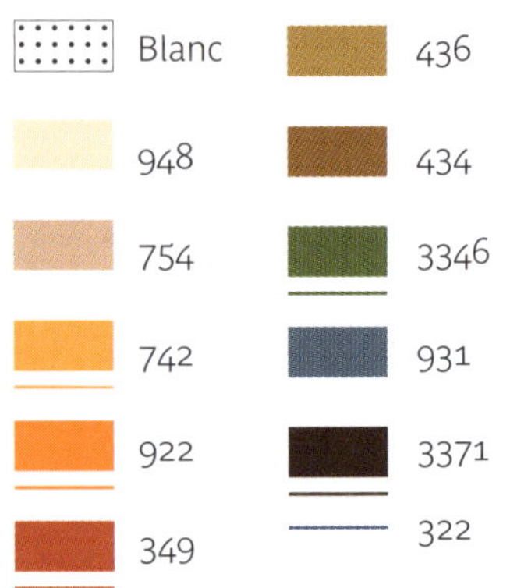

Blanc	436
948	434
754	3346
742	931
922	3371
349	322

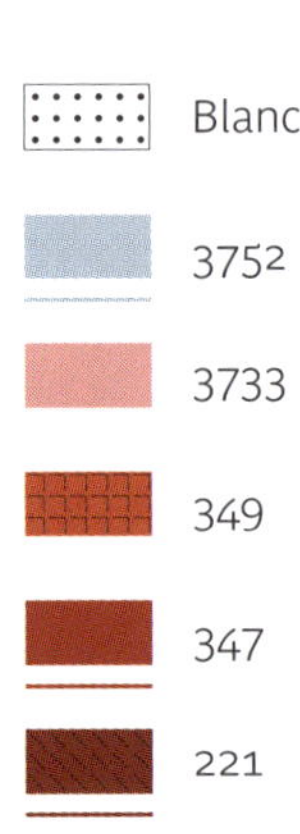

Blanc	
3752	
3733	
349	
347	
221	

Dimensions de chaque motif : 50 × 37 points (la plus grande : géographie) et 48 × 27 points (la plus petite : sciences)
Dimensions de la broderie sans marge (en 11 fils) : 9 × 6,7 cm (la plus grande) et 8,5 × 4,6 cm (la plus petite)

Blanc	3752	931
		3733
742	349	221
775	334	3346
3781	922	347

Mes plus beaux dessins
VICTOR

34 x 27 cm de lin 11 fils/cm
(DMC 842) pour la poche

13 x 34 cm de lin 11 fils/cm
(DMC 842) pour la frise

1 échevette de Mouliné DMC blanc,
349, 347, 922, 742, 3346, 931,
3750, 3781

70 x 80 cm de tissu rayé

1,50 m de sergé de coton vert
foncé, en 2 cm de large

Pliez en deux le lin de 34 x 27 cm (poche) puis reportez-y 2 fois le patron de la poche du tablier reproduit à la fin de cet ouvrage, en alignant le « bord à plier » sur la pliure du lin. Brodez le motif au point de croix et point arrière en 2 brins sur 2 fils de trame, en plaçant la rayure rouge à 10 cm du haut de la poche. Découpez l'excédent de tissu à 1,5 cm du tracé.

Faites un ourlet de 5 mm avec un rentré de 5 mm en haut de la poche et piquez au point droit à 4 mm du bord.

Pliez en deux dans la largeur le lin de 13 x 34 cm (frise) puis reportez-y 2 fois le patron de la frise du tablier, en alignant le « bord à plier » sur la pliure du lin. Brodez le motif au point de croix et point arrière en 2 brins sur 2 fils de toile. Puis, découpez l'excédent de tissu à 1,5 cm du tracé. Rabattez l'excédent de tissu au dos des deux broderies et repassez. Pliez en deux dans la hauteur le tissu rayé endroit contre endroit et reportez-y 2 fois le patron du tablier sur l'envers du tissu rayé, en alignant le « bord à plier » sur la pliure du tissu. Découpez l'excédent de tissu à 2 cm du tracé. Épinglez la poche envers contre endroit, en la centrant, à 27 cm du haut du tablier et piquez au point droit à 4 mm du bord.

Épinglez la frise à 3 cm du haut du tablier et piquez au point droit à 4 mm du bord.

Recoupez le sergé de coton en 3 morceaux égaux, puis ajustez les longueurs aux mesures de votre enfant.

Faites un ourlet de 5 mm avec un rentré de 5 mm tout autour du tablier et épinglez. Glissez la sangle dans l'ourlet du haut du tablier, répétez l'opération pour les sangles des côtés et piquez les ourlets au point droit à 4 mm du bord.

Dimensions du motif : 125 x 22 points
Dimensions de la broderie sans marge (en 11 fils) : 24 x 4 cm

Dimensions du motif : 125 x 33 points
Dimensions de la broderie sans marge (en 11 fils) : 24 x 6 cm

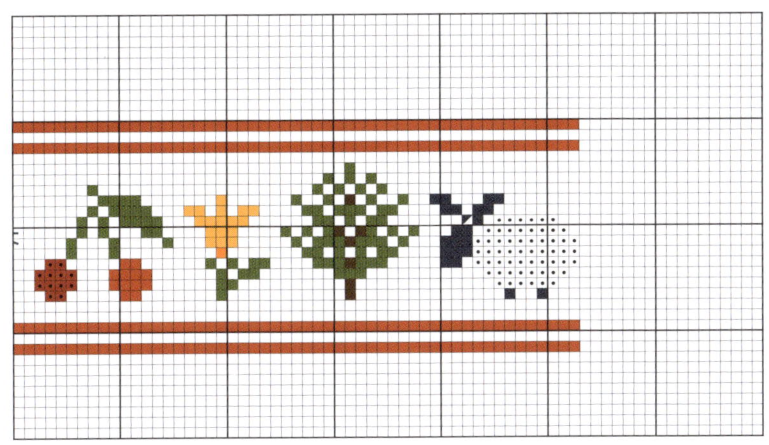

Blanc

349

347

922

742

3346

931

3750

3781

L'album photo de ma classe

33 x 24 cm de lin 11 fils/cm
(DMC 842)

1 échevette de Mouliné DMC blanc,
948, 754, 3752, 334, 931, 3750, 3346,
3371, 434, 436, 922, 347

1 cahier de croquis à spirale
de 33,2 x 24,2 cm (magasin
de papeterie, type Muji)

90 cm de croquet blanc, en 5 mm
de large

36 cm de galon en lin à pois rouges,
en 1 cm de large

27 cm de galon fantaisie,
en 1 cm de large

Colle pour tissu, cutter

Brodez le motif au centre du lin au point de croix et point arrière en 2 brins sur 2 fils de trame.

Découpez au cutter une fenêtre de 24,5 x 15,5 cm au centre de la couverture du cahier, puis collez la broderie au dos de la fenêtre.

Remplacez les cordons de fermeture par le galon fantaisie de votre choix. Maintenez-les en place par un point de colle.

Collez le croquet autour de la broderie et rajoutez le galon à pois rouges à 2 cm en haut de la fenêtre en rabattant le surplus au dos de la couverture. Collez la première page du cahier au dos de la couverture brodée.

MON ALBUM DE PHOTOS

Dimensions du motif : 124 × 76 points
Dimensions de la broderie sans marge (en 11 fils) : 22,6 × 13,6 cm

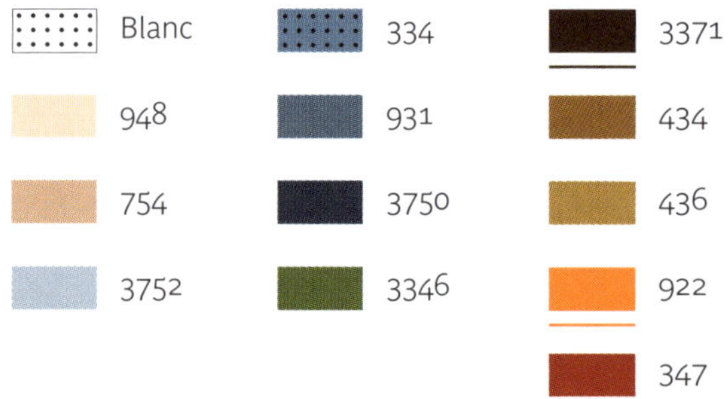

Blanc	334	3371
948	931	434
754	3750	436
3752	3346	922
		347

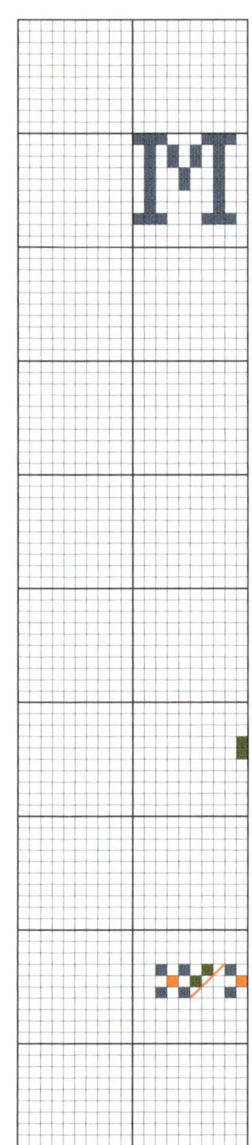

ON ALBUM DE PHOTOS

Mes copains

2 fois 40 x 43 cm de lin 11 fils/cm
(DMC 842)

Échevettes de Mouliné DMC :
se reporter à la gamme selon
le modèle choisi (fille ou garçon)

2 fois 35 x 45 cm de tissu rayé

2 fois 50 cm de sergé de coton vert
foncé, en 2 cm de large

2 pattes de réglage en plastique
noir, en 2,5 cm de large

Craie ou crayon à tissu, épingle
à nourrice

Bâtissez ou tracez 2 rectangles de 30 x 33 cm sur le lin. Brodez le motif choisi au point de croix et point arrière en 2 brins sur 2 fils de trame, en le centrant sur l'un des rectangles. Découpez l'excédent de lin à 1,5 cm du tracé.

Épinglez les 2 rectangles de lin, endroit contre endroit, et piquez au point droit les grands côtés le long du tracé. Ne retournez pas l'ouvrage sur l'endroit pour le moment.

Insérez chaque morceau de sergé de coton dans la fente du bas du sac, épinglez-les sur l'endroit, à 2 cm des coutures des grands côtés. L'ouvrage étant à l'envers, seule l'extrémité du sergé dépasse du lin, les 2 sangles doivent être à l'intérieur du sac. Piquez au point droit le bas du sac, sangles comprises. Retournez sur l'endroit et repassez.

Posez, endroit contre endroit, les rectangles de tissu rayé et piquez au point droit le bas et les côtés, à 2 cm du bord. Laissez pour la coulisse une ouverture de 3 cm de chaque côté, à 2,5 cm du haut de l'ouvrage.

Glissez la doublure dans le sac envers contre envers et rabattez 4 cm sur le haut du sac puis, faites un rentré de 5 mm. Piquez au point droit tout autour du rabat à 1 mm du bord, en prenant bien les 3 épaisseurs (tissu et lin). Enfilez sur chaque sangle une patte de réglage. À l'aide d'une épingle à nourrice, enfilez un des sergés successivement dans la première coulisse à l'aller et dans la deuxième au retour, de façon à ce que son extrémité ressorte du même côté du sac. Répétez l'opération avec le second sergé de l'autre côté. Cousez l'extrémité de chaque sergé par des points au centre de la patte de réglage.

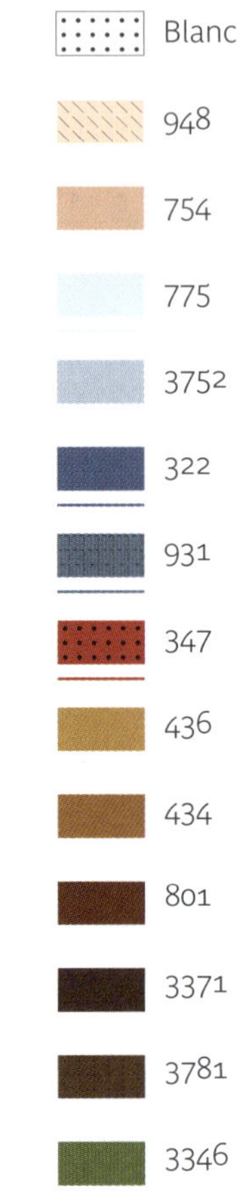

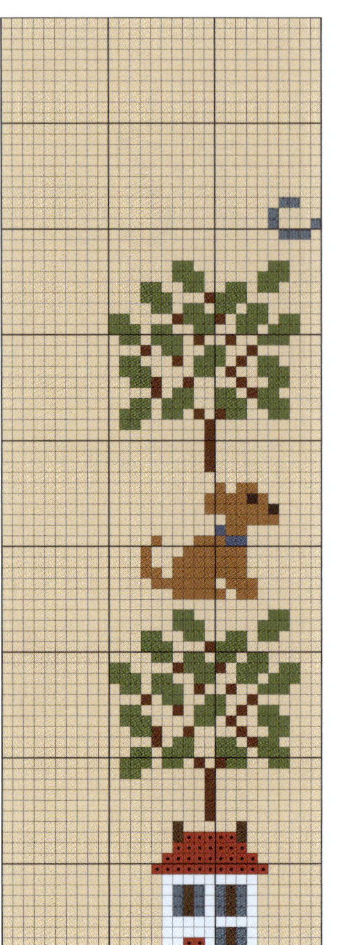

Dimensions du motif : 119 x 130 points
Dimensions de la broderie sans marge (en 11 fils) :
21,7 x 22,7 cm

Blanc
948
754
775
3752
322
931
347
436
434
801
3371
3781
3346

Mes copains

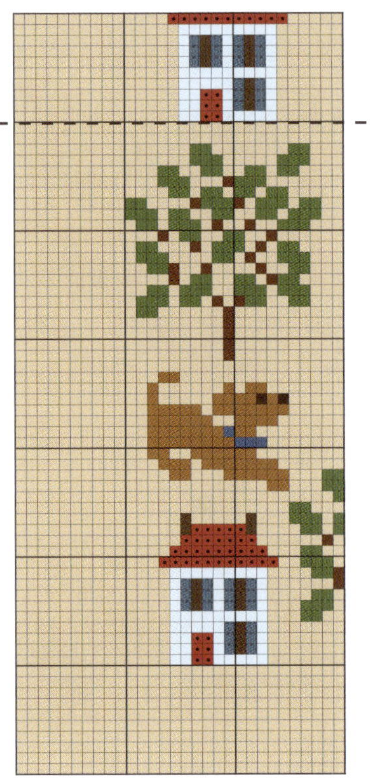

Dimensions du motif : 120 x 132 points
Dimensions de la broderie sans marge (en 11 fils) :
21,8 x 23 cm

Symbole	Référence
	Blanc
	775
	754
	948
	819
	3326
	3833
	349
	347
	221
	436
	435
	3781
	3346

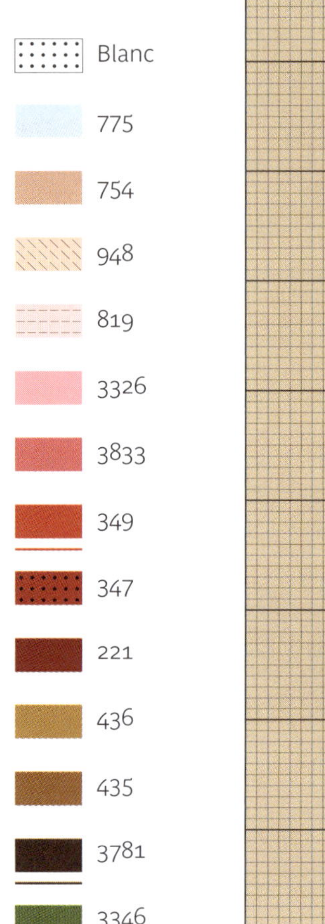

Mes copines

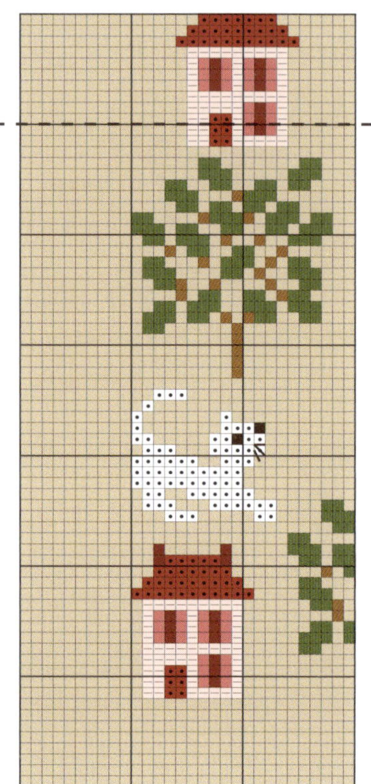

Pense-bête petites bêtes

50 x 43 cm de lin 11 fils/ cm
(DMC 842)

1 échevette Mouliné DMC blanc,
3752, 334, 931, 742, 349, 436,
434, 3781, 3346

1 tôle adhésive de 24 x 30 cm
(magasins de loisir créatifs)

1 carton plume de 4 mm
d'épaisseur de 33 x 39 cm.

1 carton léger de 33 x 39 cm

2 attaches adhésives

Colle pour tissu

3 fois 16 x 16 cm de lin 11 fils/cm
(DMC 842)

3 boutons à recouvrir, de 3 cm
de diamètre (mercerie)

3 aimants

Colle forte

Le pense-bête

Brodez le motif au point de croix et point arrière
en 2 brins sur 2 fils de trame, en le centrant sur
le lin. Découpez l'excédent de lin à 4 cm de la
broderie.

Collez la tôle adhésive au centre du carton
plume, retirez la protection et appliquez la broderie en la centrant sur le carton. Rabattez et
collez l'excédent de lin sur l'envers.

Collez le carton léger au dos du carton plume
pour recouvrir l'excédent de lin, puis placez les
attaches en haut sur les 2 côtés à l'arrière du
pense-bête afin de le suspendre.

Les aimants

Brodez un des petits animaux du motif du pense-bête (oiseau, papillon, souris, écureuil) au
point de croix en 2 brins sur 2 fils de trame au
centre du lin. Dans une mercerie, faites recouvrir les boutons avec votre broderie. Collez un
aimant au dos du bouton.

janvier · février · mars · avril · mai · juin · juillet
photo de classe
à dix heures
BONS POINTS
août · septembre · octobre · novembre · décembre

Dimensions du motif : 211 x 180 points
Dimensions de la broderie sans marge (en 11 fils) : 38,6 x 32 cm

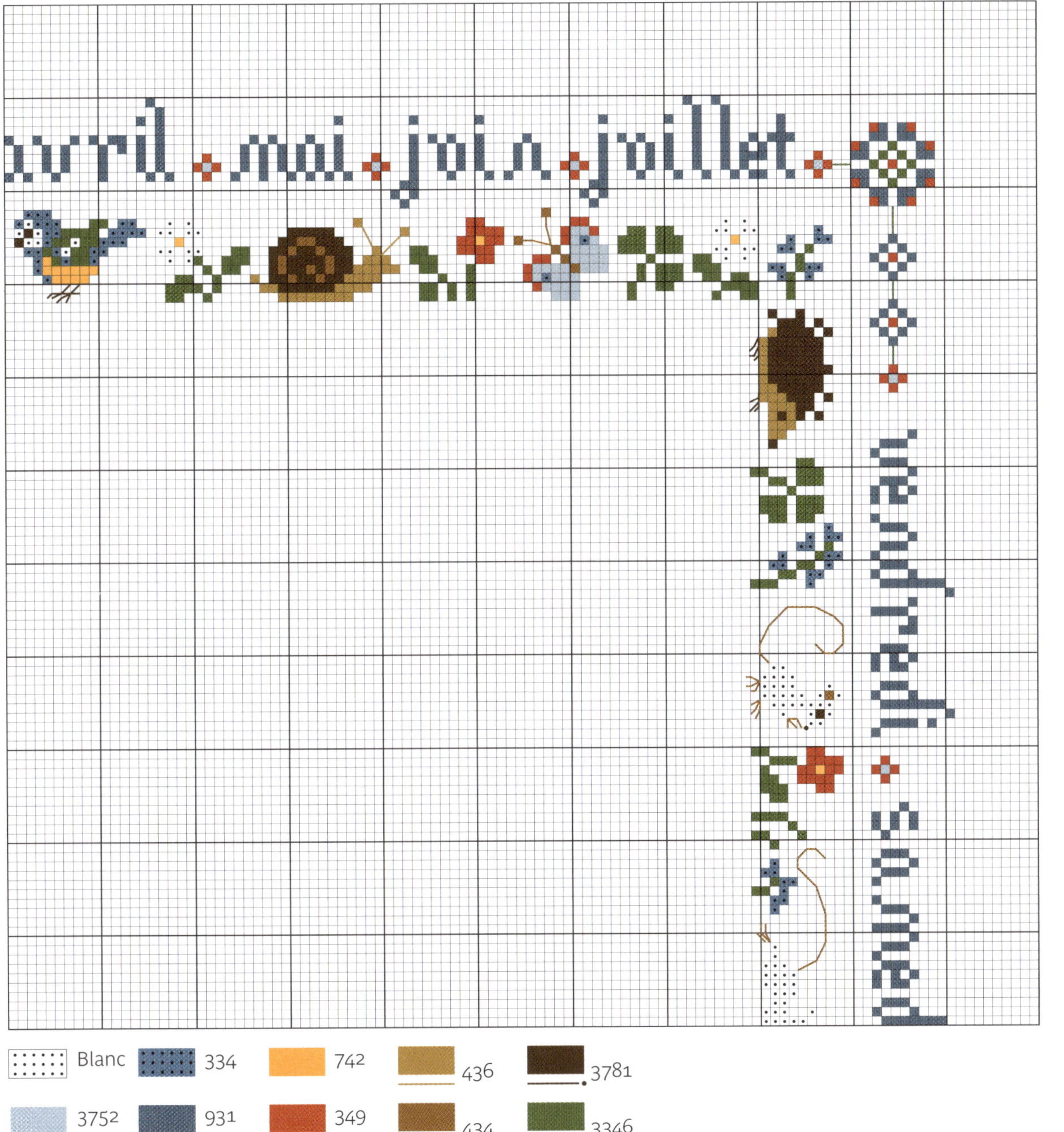

avril • mai • juin • juillet •
vendredi samedi
Blanc
334
742
436
3781
3752
931
349
434
3346

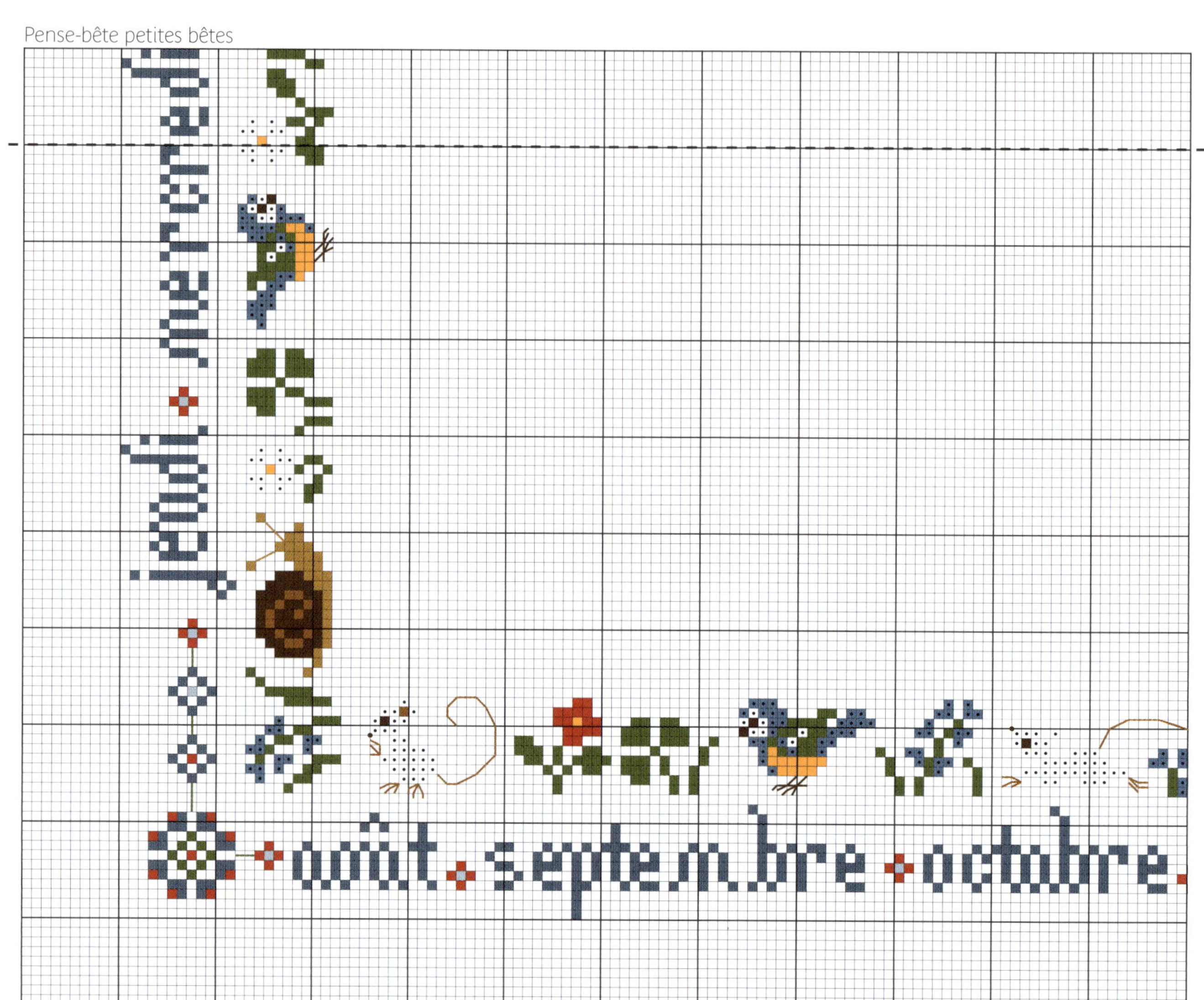
jeudi
paulaur jpel
août septembre octobre

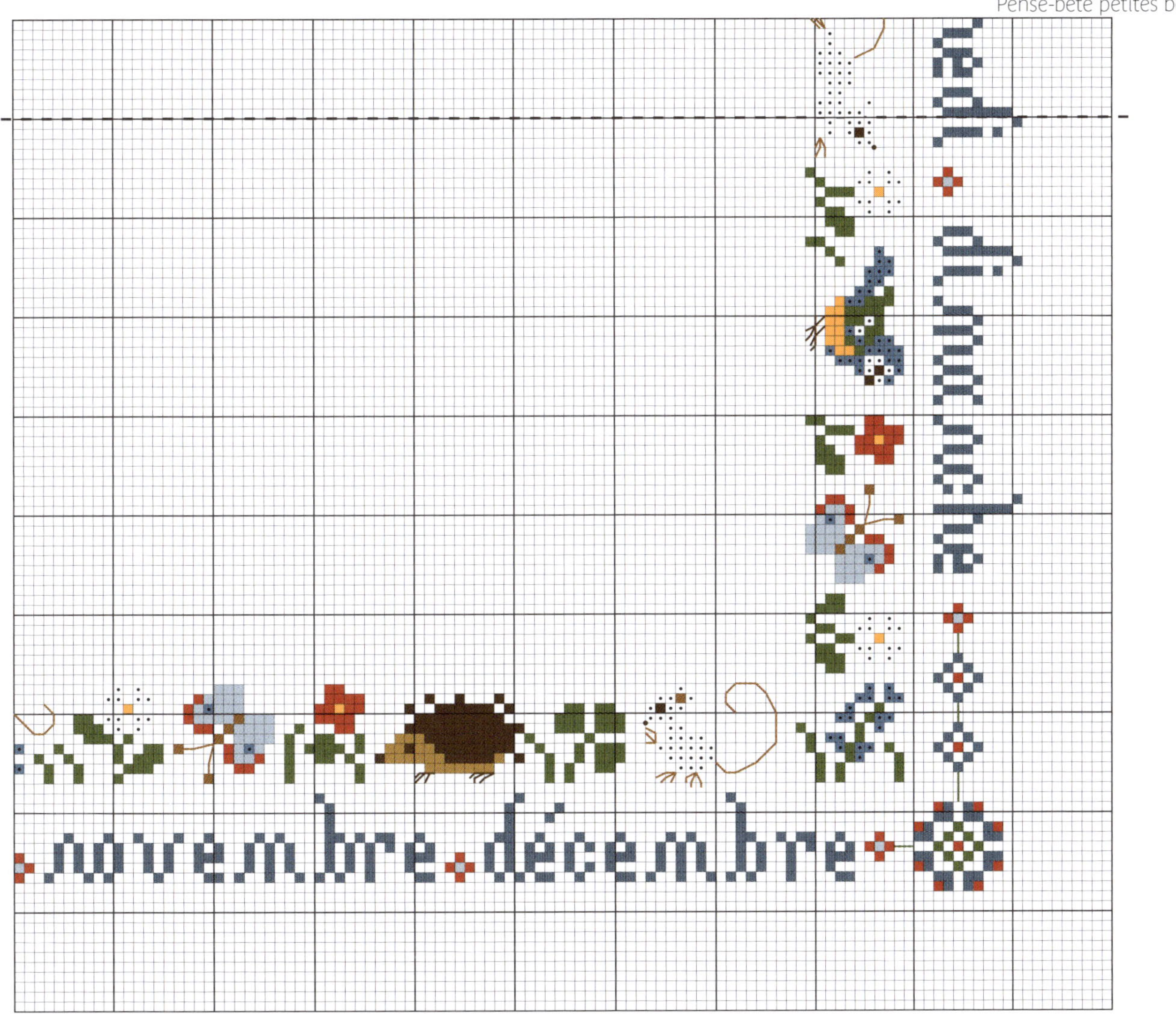

novembre décembre

Mon bloc-notes

Bâtissez ou tracez un carré de 10 x 10 cm au centre du lin et brodez le motif au point de croix en 2 brins sur 2 fils de trame, au centre du carré de lin.

Posez la broderie sur une des 2 cartonnettes en centrant bien le motif. Découpez l'excédent de lin à 1 cm du tracé, rabattez et collez-le au dos du carton.

En les centrant sur le grand rectangle de tissu fantaisie, espacez de 3 mm les 3 cartons épais pour former la charnière centrale. Alignez-les sur une règle lourde et collez-les sur le tissu. Découpez l'excédent de tissu à 1,5 cm tout autour, rabattez et collez le tissu sur les 3 cartons.

Collez le petit rectangle de tissu fantaisie à l'intérieur de la charnière en marquant bien les plis de chaque côté du carton central pour permettre la pliure.

Collez la seconde cartonnette au dos du carré de tissu fantaisie. Rabattez et collez le tissu au dos du carton.

Collez la broderie sur le dessus de la couverture du bloc mémo et le carré de tissu sur l'envers de la couverture. Puis collez le bloc mémo, en le centrant, sur sa base. Mettez sous presse 24 heures.

20 x 20 cm de lin bis 11 fils/cm (DMC 842)

1 échevette de Mouliné DMC blanc, 948, 754, 3752, 334, 931, 3346, 350, 434, 801

30 x 15 cm (couverture), 12 x 12 cm (dos de la couverture) et 11 x 6 cm (charnière intérieure) de tissu fantaisie à pois bleus

11 x 2 cm et 2 fois 11 x 11 cm de carton épais, de 2 mm d'épaisseur

2 fois 10 x 10 cm de cartonnette

1 bloc mémo de 10 x 10 x 2 cm

Colle pour tissu, règle, crayon à tissu

65

Ma première trousse

Bâtissez ou tracez un rectangle de 20 x 21 cm sur le lin. Pliez ce rectangle en deux dans la hauteur. Brodez le motif au point de croix et point arrière en 2 brins sur 2 fils de trame, au centre d'un des rectangles obtenus. Repliez endroit contre endroit et piquez au point droit les petits côtés. Découpez l'excédent de lin à 2 cm de la piqûre et retournez sur l'endroit.

Pliez le tissu fantaisie en deux dans la hauteur, endroit contre endroit. Piquez au point droit les petits côtés, à 2 cm du bord.

Glissez la doublure en tissu fantaisie dans la trousse brodée envers contre envers. Faites un rentré de 2 cm sur le haut de la trousse (doublure et lin) et glissez la fermeture Éclair entre les deux. Cousez la fermeture Éclair à la main en prenant bien les deux tissus ensemble (doublure et trousse).

Nouez quelques perles aux extrémités des rubans fantaisies, rassemblez ces derniers avec un fil, puis insérez-le dans la glissière de la fermeture Éclair.

30 x 31 cm de lin bis 11 fils/cm (DMC 842)

1 échevette Mouliné DMC blanc, 775, 334, 931, 3346, 922, 349, 3781

24 x 25 cm de tissu fantaisie à petits pois bleus

1 fermeture Éclair verte, de 20 cm de long

Chutes de rubans et perles fantaisies

Craie ou crayon pour tissu

Ma trousse
gomme crayons règle

Reportez sur le lin les patrons A (devant) et C (dessous) reproduits au début de cet ouvrage. Reportez sur le tissu vichy les patrons B (dos) et C (dessus). Reportez sur le tissu de doublure imprimé jouets une fois les patrons A et B et deux fois le patron C. Découpez les pièces à 5 mm du tracé.

Brodez le motif choisi au point de croix et au point arrière en 2 brins sur 2 fils de trame au centre du devant de la pochette.

Enfilez une partie du fermoir sur le ruban gros grain. Faites un repli de 5 mm à l'extrémité du ruban, puis un second de 1 cm pour maintenir le fermoir. Fixez-le par quelques points. Découpez le ruban à 8 cm. Enfilez la boucle de réglage et l'autre partie du fermoir sur le reste du ruban, puis repassez le ruban sous la boucle de réglage. Faites un premier repli de 5 mm à l'extrémité du ruban, puis un second de 1 cm pour maintenir le fermoir. Fixez-le par quelques points.

Épinglez le dessous de la pochette sur le devant, endroit contre endroit et piquez-les au point droit sur le tracé.

Épinglez le dessus de la pochette sur le dos, endroit contre endroit, et piquez au point droit, sur le tracé.

Épinglez les sangles à chaque extrémité en pointe du dos de la pochette. L'ouvrage étant à l'envers, seule l'extrémité de la sangle dépasse du tissu, les 2 sangles doivent être à l'intérieur de la pochette au moment de l'assemblage.

Posez les parties devant et dos endroit sur endroit, épinglez et piquez au point droit tout autour sur le tracé, sangles comprises, en laissant libre l'ouverture du haut de la pochette. Retournez sur l'endroit.

Répétez l'opération pour la doublure en assemblant le dessous et le devant, puis le dessus et le dos, et enfin le devant et le dos en laissant libre l'ouverture du haut de la pochette et insérez-la envers contre envers dans la pochette.

Piquez au point droit les côtés de la pochette en prenant pour repère la base de 10 cm des 2 triangles qui forment la ceinture de la pochette (en pointillé sur les patrons).

Faites un rentré de 5 mm sur l'ouverture (doublure et lin) et glissez la fermeture Éclair entre les deux. Cousez-la à la main en prenant bien les 2 tissus ensemble (doublure et lin).

Pour le gri-gri, enfilez les perles sur les rubans, réunissez les rubans et cousez le gri-gri sur la coulisse de la fermeture Éclair.

50 x 12 cm de lin 11 fils/cm
(DMC 842)

Échevettes DMC Mouliné :
se reporter à la gamme selon
le modèle (fille ou garçon)

40 x 12 cm de tissu vichy beige

50 x 24 cm de tissu
imprimé jouets (doublure)

1 fermeture Éclair orange de 20 cm

60 x 2,5 cm de ruban gros grain
marine, en 2 cm

1 fermoir en plastique noir

1 boucle de réglage de 2 cm
de large

Chutes de rubans et perles
pour le gri-gri

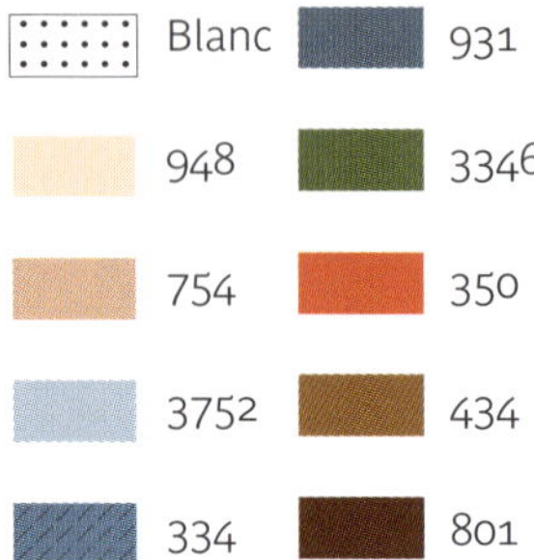

Dimensions du motif : 50 × 52 points
Dimensions de la broderie sans marge
(en 11 fils) : 9,1 × 9,2 cm

Blanc		931	
948		3346	
754		350	
3752		434	
334		801	

Dimensions du motif : 103 × 58 points
Dimensions de la broderie sans marge (en 11 fils) : 18,8 × 10 cm

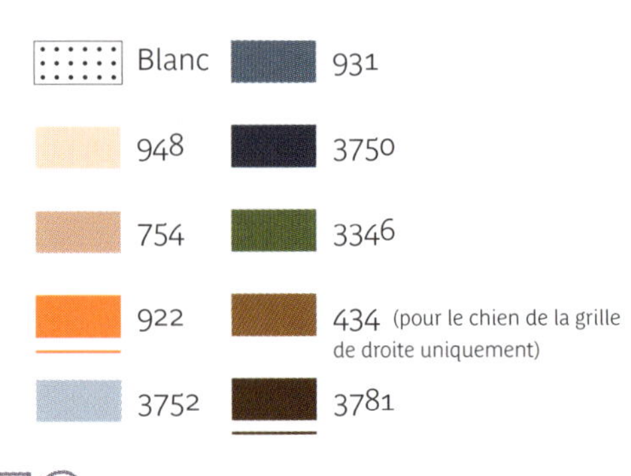

Blanc		931	
948		3750	
754		3346	
922		434 (pour le chien de la grille de droite uniquement)	
3752		3781	

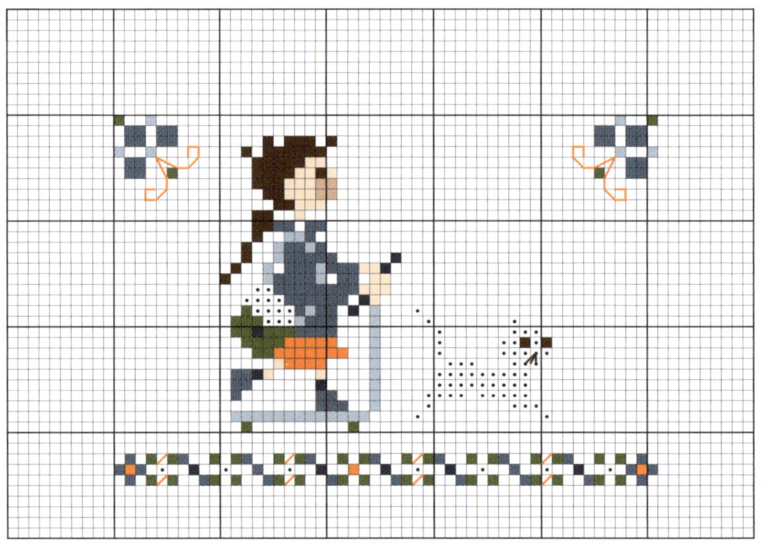

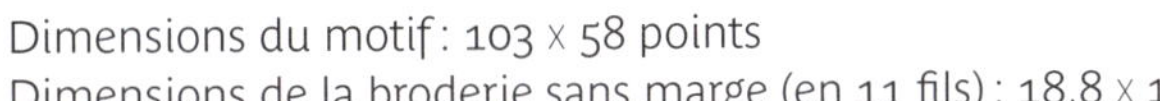

Dimensions du motif : 103 × 58 points
Dimensions de la broderie sans marge (en 11 fils) : 18,8 × 10 cm

Blanc		3346	
775		922	
334		349	
931		3781	

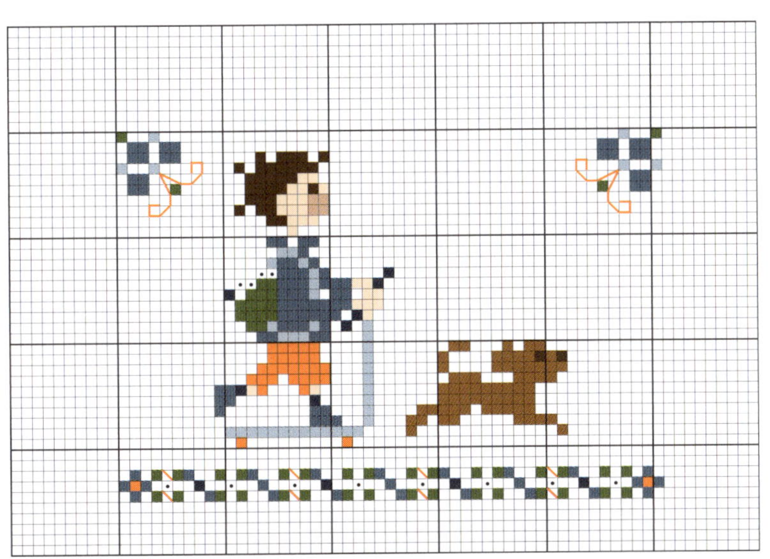

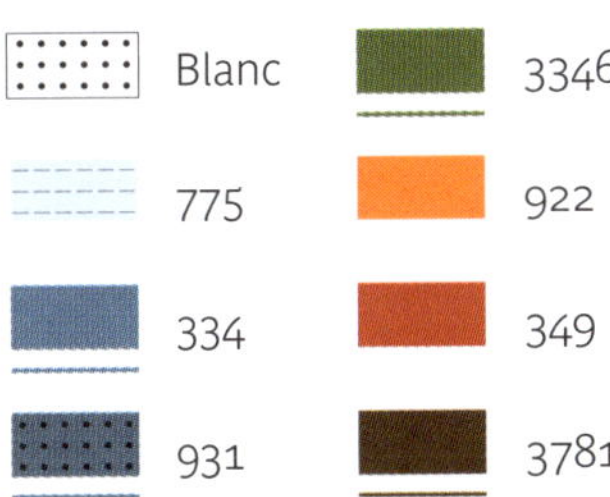

Sage comme des images

25 x 38 cm de lin bis 11 fils/cm
(DMC 842)

1 échevette Mouliné DMC blanc,
948, 754, 3326, 3733, 922, 349, 347,
221, 435, 3781

25 x 38 de tissu vichy beige

35 cm de galon aux cœurs rouges

1 pompon rouge

1 gros grelot doré

1 cintre fantaisie en bois de 15 cm
(petits ours)

Craie ou crayon à tissu

Bâtissez ou tracez sur le lin un rectangle de 15 x 28 cm se terminant sur un de ses petits côtés par un triangle de 8 cm de haut et dont la base mesure 15 cm. Brodez le motif au point de croix et point arrière en 2 brins sur 2 fils de trame, en le centrant sur le rectangle de lin. Découpez l'excédent de lin à 1 cm du tracé. Bâtissez ou tracez sur le tissu vichy un panneau de même dimension que le lin (dos du panneau).

Épinglez la broderie sur le tissu vichy endroit contre endroit et piquez au point droit le long du tracé, en ménageant une ouverture en haut du panneau.

Retournez sur l'endroit, repassez et refermez l'ouverture à petits points glissés, en ménageant une ouverture de 5 mm de chaque côté du haut du panneau pour glisser le cintre.

Cousez les extrémités du galon de chaque côté du dos du panneau. Glissez le cintre et cousez le pompon à la pointe après y avoir enfilé le grelot.

Nous sommes
sages comme
des
images

Dimensions du motif : 73 x 129 points
Dimensions de la broderie sans marge (en 11 fils) : 13 x 23,3 cm

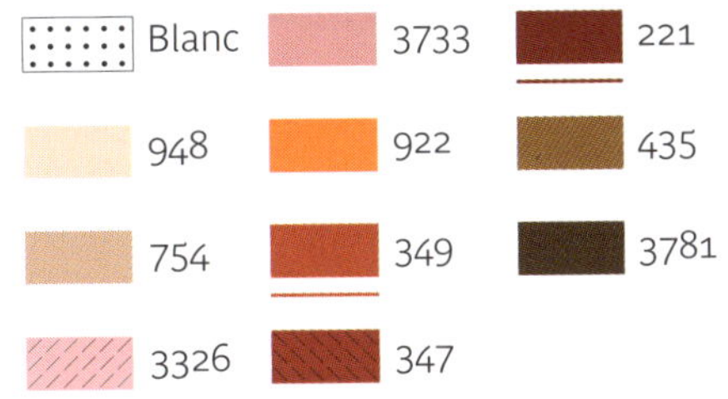

Blanc
3733
221
948
922
435
754
349
3781
3326
347

2 fois 30 x 30 cm de lin 11 fils/cm (DMC 842)

1 échevette Mouliné DMC blanc, 3733, 347, 922, 437, 436, 434, 3371

2 fois 24 x 28 cm de tissu fleuri pour la doublure

120 cm de galon cœurs blancs, en 0,5 cm, de large

Colle pour tissu, ciseaux à cranter, épingle à nourrice

Bâtissez ou tracez sur le lin 2 rectangles de 20 x 20 cm et brodez le motif au point de croix et point arrière en 2 brins sur 2 fils de trame, en le centrant sur un des rectangles de lin. Découpez l'excédent de lin à 1,5 cm du tracé.

Épinglez les 2 rectangles de lin, endroit contre endroit, et piquez au point droit les côtés et le bas.

Épinglez les 2 pièces de tissu fleuri endroit contre endroit, à 2 cm du bord et piquez au point droit les côtés et le bas, en ménageant une ouverture de 1,5 cm sur les côtés pour la coulisse, à 1 cm du haut.

Glissez la doublure dans le sac, envers contre envers et rabattez 2 cm sur le haut du sac, puis faites un rentré de 5 mm. Piquez au point droit tout autour du rabat à 1 mm du bord, en prenant bien les 3 épaisseurs (tissu et lin).

Recoupez votre galon cœurs blancs en 2 parties égales. À l'aide d'une épingle à nourrice, enfilez un des galons successivement dans la première coulisse à l'aller et dans la deuxième au retour, de façon à ce que son extrémité ressorte du même côté du sac. Répétez l'opération avec le second galon de l'autre côté.

Cousez les extrémités des galons et cachez la couture par une bandelette de tissu fleuri de 2 x 8 cm découpée avec les ciseaux à cranter. Maintenez la bandelette sur la couture en enroulant tout autour 10 cm de fil à broder Mouliné blanc. Collez pour maintenir en place.

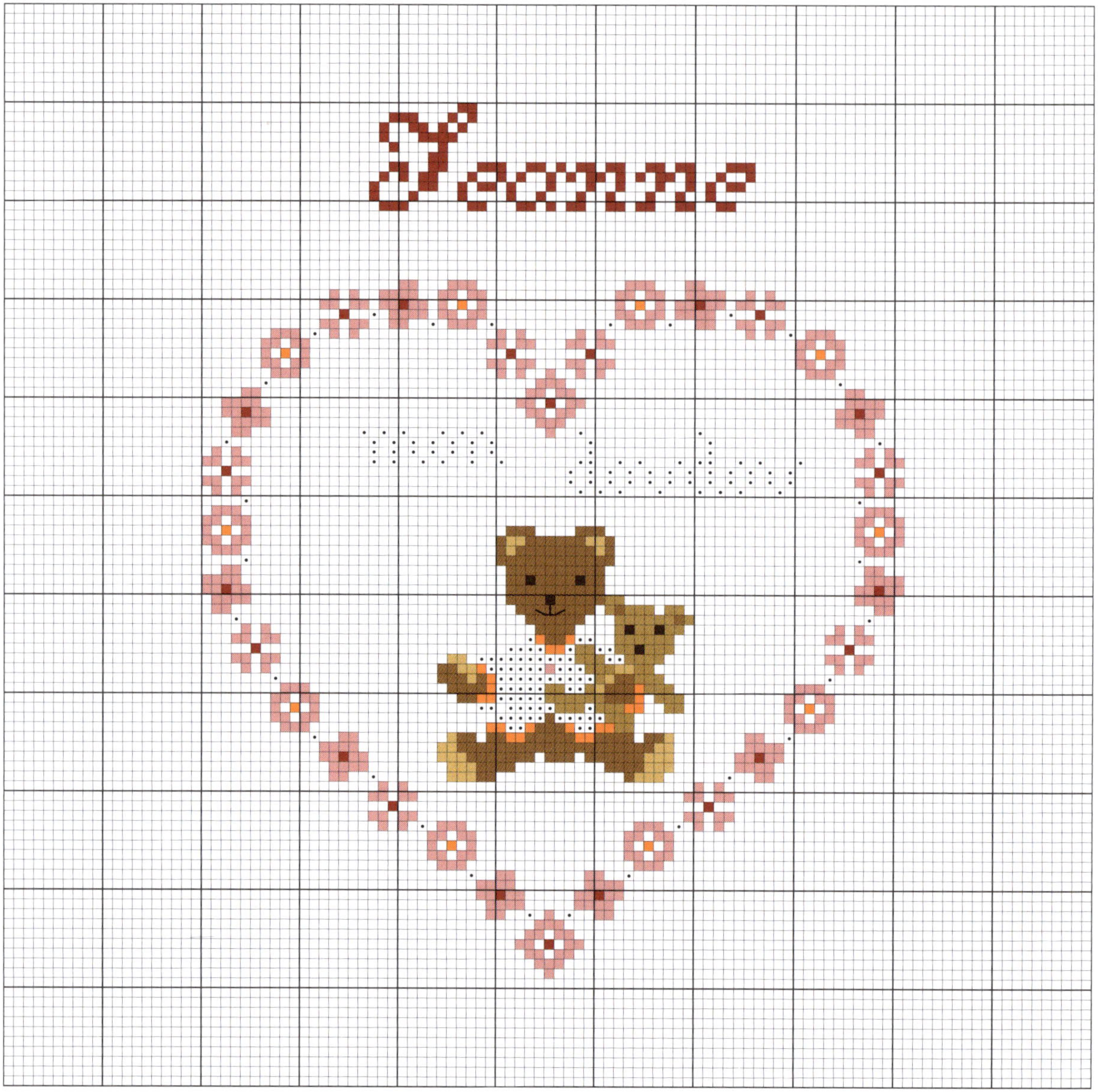

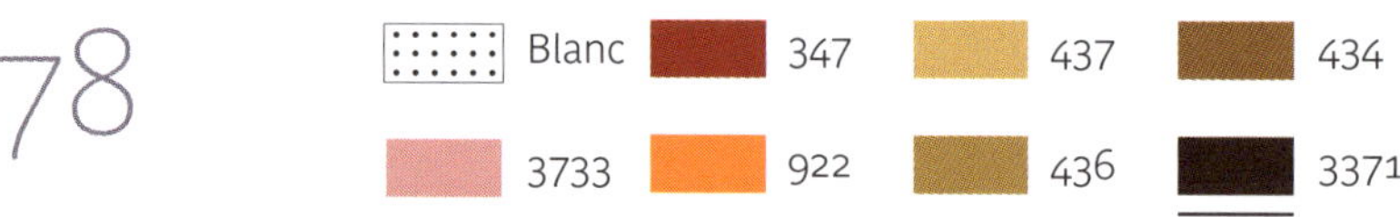

Dimensions du motif : 71 x 89 points
Dimensions de la broderie sans marge (en 11 fils) : 12,9 x 15,7 cm

Blanc		347		437		434
3733		922		436		3371

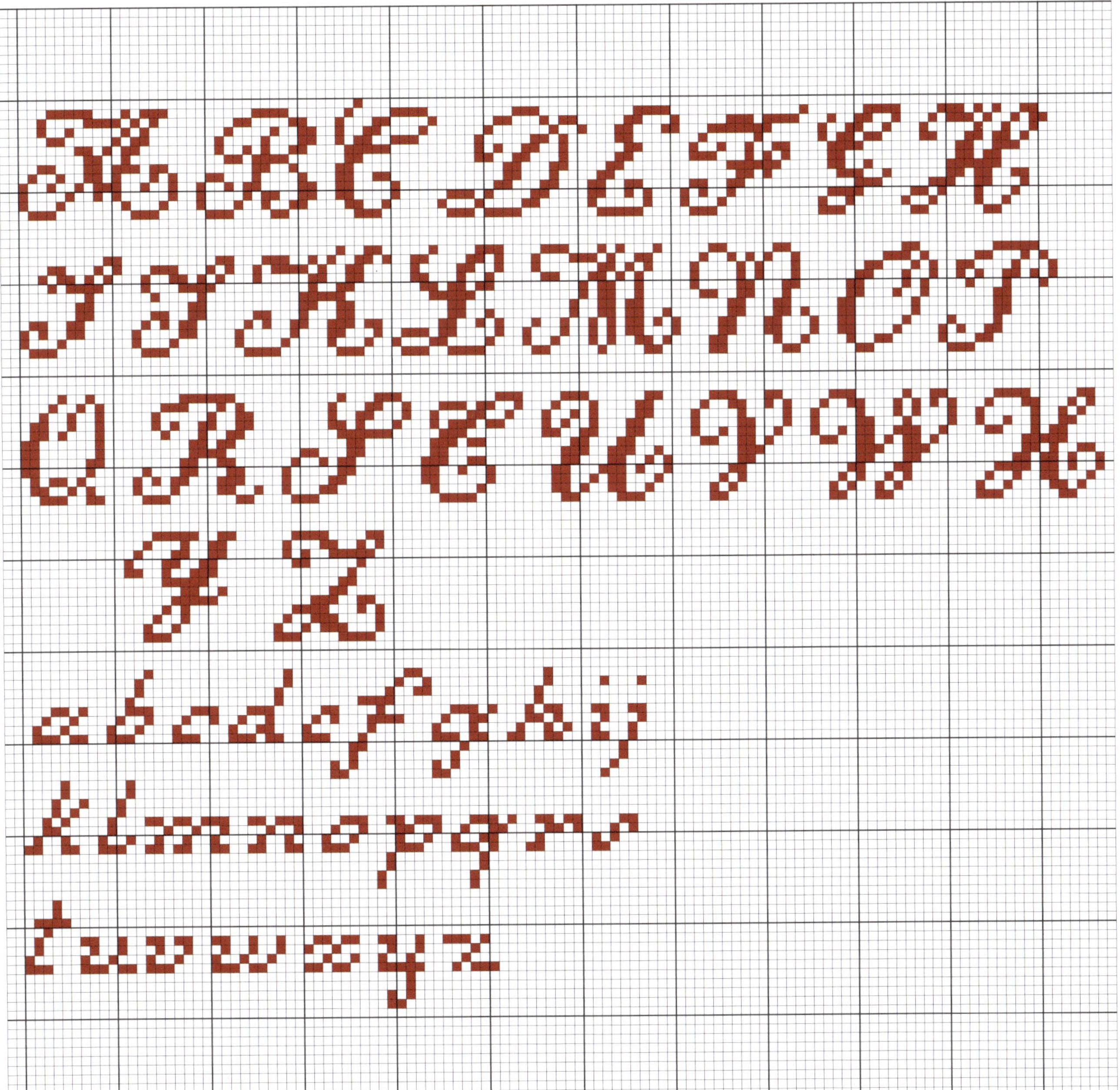

Utilisez l'abécédaire ci-dessus pour broder le prénom.

Nous tenons à remercier personnellement :

Corinne Valette et Jacqueline Mogne chez DMC pour la toile de lin et les fils.
Julie Cot qui nous a accompagnées pas à pas et sans qui ce livre ne serait pas.
Éléonore Corral pour son écoute.
Virginie Hu pour ses beaux tissus et son joli sourire.
Le Trèfle à Quatre Feuilles – 7, rue du docteur-Timsit- 78100 Saint-Germain-en-Laye.
L'équipe du Marquoir : Anne Mangin et Véronique Barbara toujours présentes et positives.
Fabrice Besse, Sonia Roy et Chloé Eve qui ont su comprendre et mettre au tableau d'honneur notre univers.

Merci à Perrette d'avoir bien voulu m'accompagner tout au long de ce projet que nous avons porté ensemble.

Merci à Marie-Anne avec qui j'ai eu un grand plaisir à partager un univers qui nous est cher.

Un grand merci à tous ceux qui nous ont soutenues et encouragées pour mener à terme notre projet à quatre mains.

La styliste tient à remercier :
Brocante Gérald Chalifour - 2, rue Jean-Jaurès - 72310 Bessé-sur-Braye.

Un grand merci à Georges qui nous a si gentiment accueillis dans sa boutique et dont les bonbons ont inspiré toute l'équipe :
Le bonbon au palais - 19, rue Monge - 75005 Paris
www.bonbonsaupalais.fr